希望是父母的救星

自闭症孩子给予我们启迪和鼓舞！

莱娜·麦克考拉·杰 著

minna PRESS
www.minnapress.com
米纳出版公司

ISBN: 978-0-9829630-7-4

www.mccallabooks.com

翻译：诸肖岩
Translated by Stella Zhu

插图：伊丽莎白・高瑟
Illustrations by Elizabeth Gauthier

排版：马克・史蒂文・温伯格
Layout by Mark Steven Weinberger

minna PRESS
米纳出版公司出版
Published by Minna Press

金斯顿・纽约・夏洛特
Kingston • New York • Charlotte

“莱娜·麦克考拉·杰的作品改变了很多人的生活。她以那敏感和富有洞察力的观察，将自闭症孩子们所面临的挑战写得既富于表现力又充满同情心。”

—Nazin Abdul-Rahim
科学硕士、口语表达病理学认证专家

目录

前言

我很荣幸地替“希望是母亲的救星” 这本书写前言。当今社会，自闭症患者大幅度的增长，尤其是每天出生的100个男孩里就会有一个患自闭症，我非常高兴作者写了这本书，这是一本将乐观和希望精心融合的书。

这不正是我们迫切想要的书吗?

这本书应该送给有自闭症孩子所在学校里的所有家长，因为这本书会让他们对自己孩子未来的学习和提高的能力感到更加乐观。不容讳言的是，自闭症孩子会影响到你的家庭，朋友和邻居，而这本易读的书也能让其他人，更加认识到自闭症的存在。

我儿子凯在两岁时被诊断为自闭症时，得知这个事实时，我们全家都感到绝望。因为凯的不寻常行为让很多人感到不理解和不舒服， 所以我们必须很快地作出调整，开始适应生活在一个与世隔绝的气泡里。老实说，我们也厌倦了整天追逐凯，怕他在对五颜六色着迷时触摸人家的电视机；我们也厌倦了常要把他从别人的沙发上抱下来——因为他太受刺激而必须跳跃。于是，我们不得不习惯不再被邀请到很多地方去。

我们以为让凯留在蒙台梭利学校能让他至少保留他的创造力，但是我们被要求将凯带离学校，因为他的行为有点让老师为难。让凯在莱娜老师的班上学习是我们为凯和我们全家做过的最好的事情之一。

当我们第一天见到莱娜老师时，她以极其乐观的态度迎接了我们，她强调了接受和称赞凯的每一个进步的重要性，即使它们看起来微不足道。我同意试一试这些建议，并开始接受凯是个自闭症孩子的事实。莱娜老师建议我带凯外出旅行，我们照她的建议做了。我们一起到当地和其他国家旅行；我们还带他去餐馆和购物中心。是的，我们的确有过艰难的时刻，但我们从没有放弃。相反，我有时得向别人解释凯有自闭症，所以，如果他插队，那是因为他还在学习“等”这个概念。很多人都能表示理解，这种被理解的感觉让我们的经历充满了希望。

莱娜老师告诉我们凯会拥有学习的能力，我们曾对这件事一直感到怀疑，我会私下问我丈夫，一个在房间里到处乱跑的孩子，怎么可能教会他学习呢？但每天，莱娜老师都会带给我们一个对凯的新的表扬，有一天她兴奋地告诉我们凯能使用电脑鼠标了，我惊呆了，我告诉自己我必须看到才能相信！凯现在5岁了，他非常善于用电脑，还特别善于拼写单词， 这都要感谢莱娜老师和其他老师的帮助。如果没有莱娜老师带来的一线希望，凯就不会达到这样超前的水平。

莱娜老师总是在那里倾听和鼓励我们，我们挑战自闭症的经历因此变得充满希望。我们都期待着看到凯会长成什么样的人——也许他会是一个发明家，我们将兴奋地和他分享令我们激动的一切。一天又一天，我们告诉凯他是个优秀的人，莱娜老师让这一切变成了可能。

这本书中所介绍的内容给有自闭症孩子的家庭提供了简明和必要的信息。这本书中的信息会给这些家庭带来希望和乐观。而创作“希望是父母的救星”的目的，就是为了传递希望给这些家庭。

这本书会带给读者很多好处，书的作者是2011年学区最佳老师，书中介绍的，是她每天在和自闭症孩子接触过程中积累的真实体验。莱娜·麦克考拉坚信每个孩子都是给予我们的礼物，而每个孩子都可以用自己的方式来学习。莱娜老师对每一个孩子的乐观和信念，正是许多家庭的希望之光。

这本书也应该能给予父母们很多启发。读者们能从不同的故事中找到同感。在读这本书的过程中，我们将会看到所有的孩子都在某些方面取得了进步，这毫无疑问让父母们有了希望，这种希望可以改变你的孩子，并且让他们做到任何他们想要做到的事。

我相信这本书将会影响很多人的生活，因为这是一个很好的令人充满希望的信息来源。

这本既吸引人而又易读的书，它既体现了莱娜·麦克考拉充满爱心而又乐观的性格，又彰显了她对鼓励自闭症孩子学习的探索，我们应该祝贺莱娜老师总结了这种值得学习和借鉴的方法。每个有幸读到这本书的人，都会发现它对他们孩子的进步会起到举足轻重的作用。

Teresitia Walters
文科类硕士、公共管理硕士、博士候选人、
学生生长发育专家、“唤醒自闭症”的创始人
塞顿豪大学，南橙市，新泽西州

自述

作为教师的角色，我不能假装能完全理解父母们。我也不能自认我能理解他们的痛苦。我和他们的孩子每天相处6个小时，但这些父母们必须每天24小时地关注他们的孩子。

我聆听，同情，支持和鼓励每一位父母，成为他们有特殊需要孩子的支持者。我立志成为他们孩子最好的老师。我作为教师的一个核心观念是所有孩子都能学习。我认为，孩子们都有不同的学习方式，和不同的学习节奏，最后会取得不同的学习程度。

我只在孩子们需要被“特殊”对待时才特殊对待他们，我鼓励父母们也同样这样做。是的，我确实将所有孩子都看作是“我的”孩子。我也试着和他们的父母建立良好的关系，这样我们可以形成一个团队来一起支持孩子们。我告诉父母们，不要因为他们的孩子有自闭症或其他缺陷而失去对孩子的希望和梦想。 当一个孩子有自闭症时，我不认为他因此就不应该接受社交能力，自救技能，语言，数学，科学，社会科学和其他宽泛意义上的教育。

尽管孩子们有缺陷，我还是鼓励父母们带他们去休假，外出，就像他们对待其他任何健全的孩子一样，带他们去动物园，公园，餐馆，超市，教会活动和家庭聚会。当然作为一个有特殊需要孩子的父母，他们必须认识到他们将不得不作出一些调整来确保旅行顺利。我告诉父母们，当他们的自闭症孩子在公共场合表现夸张，他们不要为此感到羞耻。我们看到过很多健全的孩子，也会在过道上大声叫嚷和表现夸张，一个患自闭症的孩子也没什么不同，当然，家长必须教他在不同的情况下管好自己。事实上，当别人以畏怯的眼神观望他们孩子时，父母们可以将抓住这个机会，让那些从来没听说过或没见过自闭症的人了解自闭症。

父母需要知道触发孩子做一些出格事情的诱因，他们必须要避免这些诱因，但是也要慢慢地让孩子接触这些诱因，并教他怎样在令人不愉快的情况下控制自己。比如说，孩子会被一些巨大的噪音搞得心烦，那些来自救护车，救火车以及警车的噪音就是其中的一些例子，但这不意味着孩子就不能听到这些声音。

我们可以做很多事来帮助孩子适应这些噪音：比如，父母可以让孩子接触有警笛的玩具救火车，或当一块块图放对位置时会发出声响的救火卡车拼图；父母还可以在经过消防站时，指出真正的救火车给孩子看。当你和孩子在日常生活中遇到警车和救护车时，可以远远地告诉孩子那些是警车和救护车。

父母甚至还可以安排一次让孩子近距离接触救火车的机会。大多数消防站的站长，都会很高兴地让孩子爬上救火车，甚至坐在救火车里。谁能预料---孩子坐在那里，也许能忍受消防站长拉响的救火车上高分贝的汽笛声。

在随后的章节里，我会和大家分享我个人遇到的故事，有关我在过去几年里教过的很多孩子。这些故事中，包含了父母可以运用和分享的一些应对困难的技能和小活动。你们还可以去了解一下附在后面的完整的信息资源，实践一下信息资源里介绍的内容，这些对你们每天和孩子相处会有帮助。

我希望父母能在这些故事中发现幽默和安慰，能超越残障，看到孩子的独特性和能力。我也期待这本书能提高大家对自闭症孩子以及所有残障孩子的忍耐，接受和包容。

Lena McCalla Njee
莱娜・麦克考拉・杰
— 作者、特殊教育教师

令人鼓舞的自闭症孩子的故事

当我走进教室，我是老师，也是一位母亲。我要告诉家长我可能不完全了解他们在特定处境下的纷繁复杂的情况，但是我也是一位母亲，能够理解和接受。我接下来要分享的故事是真实的，除了虚构的名字，简称和场合，这些虚构是为了保护孩子们的身份和背景。

豪瑞斯

几乎一整年中的每一天，豪瑞斯坐在圆圈里听讲时，身体都会前后摇摆不停。他从来不发出一点声音，从来不和老师有持久的眼神交流。我仍然坚持每天在同样的时间，让大家围圈听讲。

我试着教孩子们天气，颜色，形状，数字，自我意识，姓名身份，怎样画画，阅读，聆听等等。

一天，豪瑞斯出乎大家预料地跳起来开始数数。他跑到数字挂图边，开始一边数一边指着每个数字。我和我的助手当时非常惊讶，其中的一个孩子叫了起来：“他说话了，他说话了！”

我们叫喊得那么响，以至于其他班的老师都跑到走廊上，来看看我们教室里的喧哗是怎么回事，校长也匆忙赶到教室里。

豪瑞斯可以说话了。

当我将这个好消息和豪瑞斯的母亲分享时，她情不自禁地哭了。在她能忍住喜悦的眼泪后，她试图向我道歉。她看着我的眼睛，很诚恳地说：“莱娜老师，你不知道，有一个5岁孩子，可他还不会叫你是什么感觉。”听了这话，轮到我控制不住自己了。我拥抱着豪瑞斯的母亲，眼泪在我的面颊上情不自禁地流下来。我抬起头，看到所有在场的老师和助理都在流泪。我发自内心地对这位家长说：“不，我能理解.”我相信,只有你设身处地，才能体会某个人的感受，否则，你永远都不能真正地理解她痛苦的深度和份量。

豪瑞斯的语言闸门，好像突然打开了，他的词汇量每天保持增长，此后，他很少保持安静，在那学年结束时，他从我班里毕业了。

豪瑞斯最终掌握了不少技能，那些技能足以让他和普通的学生一起上课，他的父母对未来充满了信心。

昆西

我第一天见到昆西时，他正在一边踢打一边喊叫着，被他的祖母和一个亲戚拖进我的教室。当然，在此之前，我接到通知说他会来参观我的班级。

昆西的祖母是他的法律监护人。他被安排在我的班级，他哭了好几天后才慢慢开始适应。

昆西身上让人感到挑战的行为，包括吐食，打人，咬人和扔食物。他不能用语言来表达，他的交流方式是指，拉和叫。

随着时间的流逝，我慢慢注意到了昆西喜欢杂志和报纸，他会一页一页地翻阅图片，好像在分析和试着理解那些图片，于是，我开始把各种类型的杂志带进教室里。

一天，我注意到昆西在出神地看着报纸上电视指南部分，我对自己说，电视指南里有什么令人着魔的东西吗？

我决定进一步研究下去。我开始利用报纸和杂志来教孩子学习精细的动手技能和其他技能，例如撕东西，剪裁和上色，从左到右的顺序，辨认形状和语言。经过训练，昆西在感官认知方面进步很大，但是他的社交和自我帮助能力，还是原地踏步。

每天的吐食，抓人以及不愿接受上厕所训练的行为一直继续着。昆西的祖母说她愿意在家对他进行上厕所训练，在学校则由我们负责让他按时上厕所。在学校里，因为不允许穿着尿不湿，他发生了很多小“事故”。

祖母有天早上来告诉我们，她已经停止试着让昆西站着上厕所，他现在在家被要求坐下来上厕所。好！我们也换成让他在学校里坐下来上厕所，以保持教育的一致性。我觉得站着尿尿本来应该是比较容易，但我的想法是，他学会开始自己去上厕所后，再学习怎样对准。但是昆西很害怕抽水马桶冲水的声音，马桶是自动感应冲水的，有时在他坐在上面时，马桶会突然冲水。这让他很不喜欢坐下来上厕所。

昆西还有一个新鲜的想法，每次站在马桶前，他就会将他的脚放到马桶里。一天，他的袜子和鞋子都掉在马桶里了，我不得不在马桶冲水时，伸进手去将它们拿出来，以防它们堵塞马桶。从那以后，我们只好在昆西每次使用厕所时，将水箱的入水阀关闭，这样马桶才不会自动冲水了。昆西总算同意开始坐下来上厕所，而没有不断地大声叫嚷，他最终学会了坐下来在马桶里尿尿。有一天，他还学会了在训练马桶里大便，而那大便绝对是最美丽的大便之一，我是那么激动，我叫了所有的老师来看，我感到所有经历的小挫折和困难都很值得。昆西看着他的产物好像也很惊喜，他开始将我们大家推开，好像是为了确保我们不会将它冲掉。那天以后的大小便训练就变得“容易”了。我们后来再训练他站着小便，当他需要的时候才让他坐下来。他的大小便培训最终能让他打招呼告诉老师，或者他需要时就去上厕所。

他开始对语言的表扬和触摸得到的奖励产生反应，例如获得早餐麦圈和小贴纸等。

一天，当我在给昆西读书时，不小心错过了一页，他开始哭叫和拍打他的手臂，我回到我错过的那页，他变得安静并开始微笑。我对自己说：“这不可能。”

我想知道他是不是真的理解我跳过了故事的那一部分，所以过了一会儿，我又特意跳过了一页，他这回的反应还是同样的。他叫喊着，拍打着，大发雷霆。我相信了，如果说他不会阅读，但至少他理解了故事的顺序，我没有办法骗他了。而这，竟然是一个以前一直显示不出任何语言能力的孩子。

我慢慢发现他的长处是视觉记忆和识别秩序的能力。我们的课程后来就设计成顺着他的长处来教，我们给他安排了一个教他打手势的治疗专家。教昆西变成了一件愉快的事。到他离开我班级时，他已经开始会用手势和一些功能性词汇。他在离开之前，也已经完全训练好了上厕所的问题，他也开始和别的小孩子一起玩，偶尔，他还会和同伴交换玩具。对我来说这不止是一线希望。

戴文

戴文，我亲爱的！他偶尔用他那双美丽的眼睛和我对视时，可以让我心碎。他喜欢轻声哼唱，随着节奏摆动。我从来没有从戴文那里得到语言上的反应，但在某一天，我听到了满耳的惊喜。那是在休息的时候，我坐在他身边的地毯上，每个人都或在睡觉或安静地躺在小床上，唯一打扰的声音是戴文持续的轻声哼唱，他是其中一个没有睡觉的孩子。

一个睡着觉的孩子排了些气，这没逃脱戴文的注意。他惊叫道："噢，噢，他放屁了。"我简直不敢相信自己听到的，这孩子在我面前从来没有说过话， 我说："什么？"正如我所料，他重复了他的评论，我这边也笑出了声来了。

当一个助手走进来时，我告诉了她发生的事，她也笑出了眼泪。戴文的那句口头表达是清楚的、响亮的和准确的，这孩子有能力说话，他只是说选择性的话。我下定决心设计一个强调语言的课程来激发他的表达能力。语言治疗专家和我一起设计了一些围绕节奏和动作的活动。戴文还是不用功能性的词，但是他有了拟声的反应。我们给他提供了一些机会让他听我们说，然后重复我们说的。当他看见图画时，他开始认识一些。我们不再允许戴文用手指或者拉人，当他用手指东西时，我们帮他说明，他也被要求用语言来代替手指和拉人。

非常重要的一点,整个团队都在一起努力帮助和鼓励戴文的语言发展。当他指着某些东西时，有人会告诉他来自PECS（图片交换交流系统）里的词汇和图片。当一个有能力的孩子开始讲话，我总是充满希望地不断寻找突破点。

戴文喜欢椒盐脆饼，但我们必须很细心地看着他吃，以防他一下放太多在他的嘴里。这一天，在吃点心的时候，老师要求他学会说："请给我椒盐脆饼。"每次他想多吃一片时，他被要求同时做出代表"更多一些"的手势。

在遵守规定要了几片脆饼后，戴文不再说"请给我椒盐脆饼"，也不再打手势要求更多一些，他也不将椒盐脆饼的图片拿出来。吃点心的时间很快要结束了，其中一个教师助手开始唱起了"清洁打扫歌"。戴文站了起来大声叫道，"请给我椒盐脆饼。"哇，那突如其来的叫声让我一点都没准备，那天我们让戴文尽情享用了椒盐脆饼。在那以后，我再也不放低对戴文的要求了。

另外很重要的一点，团队中的每一个成员和戴文生活中的每一个人都要保持那种随时让他练习说话的状态。对多数自闭症孩子来说，如果周围的人没有要求他们说话，他们会继续用手指或者发脾气的方式来得到他们想要的和需要的东西。戴文的祖母开始在家中听到他用语言来表达，我们也鼓励她坚持对戴文有要求，要求他用语言来代替手指东西。

我理解这事对家长来说不容易，在工作了一天后回到家后，当孩子手指着东西或发脾气时，不轻易递上牛奶，而是要求孩子先说“牛奶”。但是，孩子获得和使用的词汇越多，他们就会变得越独立，而行为上所受到的挑战也会越少出现。学校和家庭一起同步努力是非常重要的，希望就是一个动力。

我告诉家长们永远不要放弃，永远不要放弃！我鼓励他们累了休息一下，但要马上回到轨道上。挑战你的孩子，包容他的弱点，一直推动你的孩子发挥他最大的潜力。所有的孩子都能学会，你的孩子能够学会，只是有些孩子的学习方式会不同。我从来没有碰到一个孩子是学不会的，我从来没有碰到一个孩子是教不会的。教孩子们发扬他们的长处，弥补他们的短处，这是我们作为家长、老师、治疗师和所有相关人员的工作。

公主小姐

我叫她“公主小姐”，是因为她经常穿着那些镶满美丽花边的裙子，到我班里上学的。她看起来像个公主。

我不得不要求她母亲让她穿一些运动衫裤和适合运动的鞋子，她需要像其他孩子一样玩泥巴和用手指画画，而不必担心把她的衣服搞坏。当我们第一次见面时，她还没被完成上厕所的训练。我总是会在我和家长第一次见面时就提起上厕所训练的事，因为训练好了上厕所这件事有助于孩子培养他们的自尊心。由于自尊心的增强和不受上厕所训练的限制，孩子们就会更加集中他们的注意力在交流，社交，自我帮助和其他技能的学习上。

公主小姐的父母对她一上学就开始上厕所训练的事也很激动。我一般要等父母也准备好的时候才开始上厕所的训练，我不想剥夺父母亲的权利，让整件事变得好像是我想替他们做主。事实上，如果孩子在学校里成功地训练好大小便的习惯，但在家里却不保持的话，那这训练也就变得无用了。很显然她的父母在家也是一起努力做着同一件事，所以她是个容易的训练对象，她的训练进展得非常顺利。当一个孩子能够表示他要去上厕所也确实是真的话，我能在他的眼里看出成就感。我在前面告诉了大家为什么孩子需要训练好上厕所的理由。

通常如果上述理由都不能打动父母的话，我会从费用方面跟他们解释，父母们将会考虑这事。我会说类似这样的话："妈妈，如果你每周平均要花30美元来买尿不湿，那一个月就要花120美元，加起来一年就要1440美元。"当他们看到了训练孩子大小便习惯带来的经济上的好处时，他们的眼睛会一亮。当然对一些家长来说，钱不是问题，他们认为什么时候开始训练上厕所是他们的权利。

公主小姐有能力说话，一开始她只说法语，特别是她变得激动时。但她父母说他们在家主要和她说英语。不过她一旦掌握了英语后，她的词汇量开始增加，而她的一些不好的行为也减少了。

她在社交技能上遇到了很多挑战。因为她认为每件东西都是“我的”，甚至在有很多同样的东西时，她也会将她在那一刻特别喜爱的东西囤积起来，当她被迫要放弃她想要保留的东西时，她会大叫大喊。

如果允许的话，她会将她的食物和其他所有人的食物都吃了。她花了好长时间才懂得，她不应该把手伸到别人的盘子里拿自己想要的任何食物。虽然公主小姐有自闭症，但那并不意味着她不能够学会合适的就餐行为。

“每个孩子都能学会。”我总是时不时地鼓励家长们不要失去希望。家长一定要对他们所有的孩子都抱有同样高的期望，不管他们被诊断有还是没有残障。

崔姆和赛克

后来我遇到了兄弟俩，他们叫崔姆和赛克。在与他们的父母见面和交谈后，我很心痛。有一个特殊需要的孩子已经是很具挑战性的事了，有两个，我想，简直是不可逾越的困难。当父母告诉我他们有第三个特殊需要的孩子时，我暗暗对自己说，我将不再抱怨任何事情了。在观察了我的课后，他们的父母决定将两个男孩分到不同班里。我觉得那是个好的决定，能确保每个孩子有机会在他们的兄弟缺席的情况下培育发展自己的个性。

在我班上的那个兄弟是个吐口水大王，当他有挫败感时，他吐得最厉害。他有时吐口水多到整件衬衫都湿了。他喜欢玩拼图，但是如果他找不到其中一片的正确位置时，他会将整套拼图在教室里乱丢，每个挡住他过路的人都会成为他吐口水的目标。他父母曾经建议他应该戴围嘴，我告诉他们，我完全反对这想法，我不想其他会说话的孩子取笑他。他不需要被人区分对待，他需要学习和人交流和停止这种不适当的行为。

在多数时间，他有个一对一的助教。他慢慢地学会了适应不同类型的拼图。在崔姆能够用图片加一些功能性手势来交流时，他吐口水的狂暴行为减少了，他也变得少发脾气了。

他被安排和一位非常优秀的语言矫正治疗师合作，对他单独治疗，或者在小组里治疗。他开始学会用一些功能性的词汇和短语，他的眼神交流变得更持久，而他的自我帮助技能也有进步。他能够自己洗手和烘干手，他能不时地用手势和词汇来要求他想要的，他的自信心也一起增强了。

这两兄弟有一个有趣的表现，当他们在餐厅或体育馆遇见时缺乏互动行为，好像对另一方毫无察觉。旁人可能会认为这两兄弟互不相识，我从来没见到他们互相看对方或一起玩。

一年以后，那家人搬离了小镇。父母两个在搬走前来看我，他们表达了对两个男孩成长的感激之情。他们说在各方面都看到了兄弟俩进步的迹象。这父母带着对三个孩子的希望和梦想离开了。希望一定是父母的救星，当他们被赐予不是一个、两个而是三个自闭症孩子时。

田径明星

她一会儿跑来，一会儿跑去，像个田径明星。我的天啊！她好像永远在跑来跑去。她一旦出了教室，我们没法松手让她走，否则她会直接跑到门口，她会撞倒在走廊上、运动馆里的好几个孩子，她没有害怕危险的顾虑，她以同样方式冲向人和物体。

从我认识她母亲后，我了解到田径明星好几次从她母亲那里跑掉。我邀请她母亲作为陪伴家长参加我们的班级外出活动，但她解释说由于她工作时间的原因，她都没法参加。

田径明星的妈妈告诉我，她已经好久没法去教堂了，带她到公共场合几乎是不可能的事。她说她女儿会在教会活动中干扰大家，一些教会里的成员也说了一些不那么友善的话，他们认为她没有积极地管教和控制她女儿。

在田径明星在我们这里待了一年以后，她母亲告诉我她将带田径明星去购物中心玩。我半开玩笑地告诉她要确保她女儿穿上跑鞋。但我希望她和女儿能有一次愉快的外出。

当时如果她询问我的建议，我也许应该告诉她，在带她去购物中心冒险前，先带她上几回公园。作为教师，我的角色是支持家长的决定，事后证明我应该还建议她带另个人到购物中心一起帮助她。

那是周六的下午，我的手机响了，是田径明星的母亲打来的。我的心咯噔一声，我的第一句话是："田径明星怎么样了？"她急忙说她女儿没问题。她接下来告诉我，她在逛购物中心时，一开始时将一根绳的一头她自己的胳膊上，另一头系在女儿的胳膊上。

据她所说，一切出乎她意料的顺利，所以她将栓绳从田径明星的胳膊上解了下来。当她们逛到其中一家店时，店里的广播突然响了，那声音让田径明星在她母亲能抓住她前一下子就跑开了。

在一切结束前，田径明星已经把商店里的好几件陈设品都撞倒了，还一头撞到了玻璃门上，把她自己的脸也划伤了，她母亲还扭伤了脚踝，两个保安最后总算把田径明星抓住了，并防止了她再冲到人群中去。田径明星的母亲说，她们不得不搭出租车回家，因为她的脚踝太肿了，以至于不能开车，她后来只能让邻居带着她的姐姐去将她的车从购物中心开回来。她说，“莱娜老师，我再也不会带她去任何地方了。”

有自闭症的孩子有一个弱点，他们通常不能忍受尖锐或很响的声音。很多孩子还会对气味和质地很敏感。

我对父母的建议是尽量带孩子多去几次短时间的外出，这样能帮助孩子对周围不那么敏感，也能教孩子学会忍受他们周围的环境和控制自己。

在学校里，我们带田径明星至少一星期去两次社区活动。从我们的学校，我们能走到图书馆，博物馆和公园去玩。当然，我们带她出门时是高度警觉的，她好几次想跑掉，但没有成功。她慢慢地变得能忍受多数周边环境里的声音，而不用经常停下来用两手捂住耳朵。

看到田径明星和其他孩子在公园里一起坐下来聆听乐队用打击乐器演奏，那是我们眼前多么美丽的一幕。她没有将耳朵捂起来，也没有一次想试图跑掉。我满怀希望地认为，田径明星慢慢地会变得更能忍受令人不快的声音和气味。我肯定她母亲的希望和我一样，那就是她会长大并变得不需要别人再到处追逐她。希望是母亲的救星。

小Q

在过去所有和有特殊需要的孩子们打交道的岁月里，我从来没有对任何一次大小便训练有畏惧感。但小Q却是一个和别的孩子很不样的孩子。他很会说话，我认为他甚至有些啰嗦。他不停地讲话，有些时候说话不连贯。他在班上是最会说话的孩子。

但他不愿说“要尿尿”或“要便便”。他宁愿和其他孩子闲谈直到他拉在裤子上。他被安排每半小时就上厕所去坐3分钟。他宁愿坐在那里和每个人说各种事，就是不愿意大小便，他每天将大小便拉在自己身上。

他的父母在家里和我们一样感到为难和沮丧。我们总在不停地替他换尿不湿。小男孩当时5岁，他吃得很多。一天，在吃了玉米、土豆泥、牛肉末和喝了牛奶以后，他在吃着东西时又拉在裤子上了。孩子们不得不离开教室，教室要被消毒。这事确实很让人泄气。他很喜欢说话，但他就是不愿在他要方便时说告诉一声，而他被要求去上厕所时，他却不愿大小便。那天他父母来到时，我告诉他们我们必须想出一些其他措施来。他父母建议：他如果不做他在上厕所时应该做的事，我们就不允许他站起来。

我不得不为这个建议打电话联系社会福利工作者和校长。作为教师，我想支持家长的想法，但我也必须确保自己遵守规定，我还没想违反任何规定呢。对强迫小Q坐在马桶上这件事来说，到底多长是太长了呢？

我需要书面允许或进一步的说明。他的如厕时间表从每30分钟一次改为每15分钟一次。是的，我们几乎是在厕所里度过每一天的，我们还得为此再增加一个助理。

接下来的第二天，他一来上学，我们就开始实施新的如厕时间表。在早餐开始前和结束后，他被要求坐在马桶上面。我对自己说："今天你一定要拉在在马桶里。"他试图在定时器结束前站起来，但是助理要求他坐回去。他开始哭了起来，作出很难受的样子。

果然他将大便拉在马桶里了，助理称之为"超级大便"。小Q后来呆在我班上再也没有发生另一次"事故"。他父母为之非常高兴，他们也厌倦了替5岁孩子换尿布。

对那些因为不能训练孩子大小便而想让他们任其自然的家长们，我想说请不要放弃。你们应该尝试不同的方法，而且要整个团队一起共同努力。如果你们一直坚持，你们会成功的。

你们应该和孩子的老师，福利工作者，护士，以及其他父母交谈。早解决问题总是比迟解决问题更好。你们也不想在孩子10岁或更大时还在替他们换尿不湿。你们越早让孩子实现这个目标，每个人的生活就会变得越好。

永远不要放弃！你可以退后一步，暂停一下，但马上要回到轨道上。当你们感到不知所措时，不要害怕寻求帮助。

舞蹈者

他第一天来观摩我的班级时，他在他父母和社会福利工作者面前跳来跳去。全班那时正好在围圈听讲。当他父母踏进教室以前，他早已跑遍了所有玩的地方。他被我们的音乐角吸引了，他开始敲打起鼓来。那表演让我们的围圈听讲时间被突然地打断了。当我将自己介绍给沉浸在鼓声中的小舞蹈者时，其他孩子已将他围住。

我没有得到任何言语上的回应，但他露出了最美丽的微笑和最白皙的牙齿。他父母很紧张地为儿子突然打断了我们的上课而道歉。我带他们到处看了看教室，我告诉他们，我很喜欢他们儿子带来的活力，他们抱怨说他精力太旺盛了，以至于他们很难控制他。

我感到舞蹈者会很适合我们班，当然他父母有权对班级安排作最后决定。

他父母同意了他的班级安排，舞蹈者成为了我班上的一员。舞蹈者很快被围圈听讲时间的主旋律吸引了，他每天在围圈时间的各项活动中舞动他的身体，仿佛他头脑中有音乐让他可以随时跟随着来回摆动。但他的注意力是短暂，除了他在音乐角，在那里他想玩任何一个孩子拿起来的乐器。学会分享和轮流是我为他定的一个目标。

我们制定了一个学习轮流的课程，要求他每天有几次和教师助理一对一地坐下来练习分享和等待他喜爱的玩具，他还需要学习等待和与其他孩子分享玩具。

最终，他学会了将这技能推广运用到一个三人小组里。他开始使用功能性的词汇和短语，也学会了跟着节奏数数，很快在语言发展的其他技能方面都取得了进步。他以他那流畅的舞姿成为了我们班级表演中的“明星”。

舞蹈者从我班里毕业了，但是我还一直留意他的进步。他在运动馆里、走廊上或集会时碰见我时，会叫我的名字。舞蹈者后来去了一个有课堂内带语言和其他相关协助的混合学校（注：指将有特殊需要的学生和普通学生混合在一起的学校）。舞蹈者现在是高中生了，我希望借助来自他学校和家庭的支持，他将随着年龄的增长而享受一定程度的独立。

我们的孩子真的会长大，不管他们有没有残障，我们所有作为教师和家长的人都应该有同样的期望和梦想，我们应该去点燃每个孩子心中的星星之火。我们期望我们所有的孩子将来都能成功地对社区有所贡献。自闭症的孩子给我们带来了启迪，他们和别的孩子没什么不同，他们只是有一种能力上的残缺。作为父母，我们对我们所有孩子的期待和愿望应该是同样强烈的。

高音

我选不出一个比“高音”更合适这个男孩的化名了。当他感到挫败、害怕或愤怒时，我们的耳膜就要开始经受锻炼了。他对软质地有一种厌恶感。他只吃脆脆的食物，像麦圈、玉米片、炸鸡块、西芹条和其他类似的食物。他对软质地的东西怕得要命，比如橡皮泥、剃须膏、果冻、胶水和手指画颜料。一天他无意中捡起了一颗软糖，他一边大叫一边前后摆动着他的手在教室里乱跑，好像他被什么攻击了一样。

他的一个长处是他的语言表达能力。当他进学校时，他已经被他母亲训练好了大小便习惯。他的接受能力也非常好。

我们用不同的材料来加强孩子们的学习技能。我们慢慢地但是持续地让他接触他喜欢的和他不喜欢的材料。我们不得不和他谈条件，要他试着触摸像胶水和橡皮泥之类的“让人不快的”材料。和孩子们打交道的过程中总是会包括谈条件，有自闭症的孩子也毫不例外。

如果我们在做的手工作业时需要用到粘糊东西，他至少得帮助将胶水从瓶子里挤出来，用毛刷把胶水分散开来，这样他算完成了他的工作，然后他可以玩他想要玩的任何玩具。对橡皮泥，他开始只愿意用滚筒和其他想模具之类的工具来触摸。有一天他用手触破了橡皮泥，哈！哈！这下他意识到橡皮泥不会伤害到他。

他慢慢地开始撕拧下一块橡皮泥，然后做成一个小球。我对他的成绩感到非常高兴。我将他的球放在塑料拉链袋里送回了他家。她母亲说没法让他放下那个球，她醒了后，发现球在他的枕头下被压碎了。

高音的另一个挑战是他拒绝从除了吸杯以外的任何容器喝水。我们团队建议他母亲让他戒掉用吸杯的习惯。在学校里，我们给他普通的杯子喝水。因为他没有什么障碍会阻止他用普通杯子。他会大叫和呼救，但我们只能耐心等待他。我们很容易就可以给他一个吸杯让他安静下，但是我相信对一个6岁的孩子来说这是绝对不合适的行为。那些会讲话的孩子叫他“小婴儿”，我们必须要让他戒掉这个习惯。

我们因为吸杯所引起的最大冲突，通常是在星期一或者节日放假回来后发生的。尽管他的母亲保证她不会给他用吸杯，但是，有天早上，我偶然向窗外看去时，正好发现他母亲在车的后座上递给他一个吸杯。“妈妈，你的谎言被戳穿了。”她被叫了进来讨论这件事。

社会福利工作者告诉她，如果她没有准备好配合我们在学校试图教的东西，她需要让这团队里的其他成员知道。如果我们要在学校里给高音施加很大的压力让他用普通杯子，但他在家里并没有被鼓励做同样的事，这对我们也是不公平的。我虽然有些内疚将这母亲放在聚光灯下，但她需要被提醒她有最后的决定权。她再度保证她会将家中的几个吸杯都扔掉。

我们一起继续帮助高音戒掉吸杯，这场斗争直到他最终变成其中的一个“大男孩”才得到缓解。高音骄傲得像孔雀一样，他从普通杯子里喝水了。

当我们把高音在课堂里做的一个手绘工艺作品给他母亲看时，我还记得她脸上的表情。我们大家一同庆祝高音的进步，他已经训练好了上厕所，他开始用手指画画，他像个普通的6岁的孩子一样从普通杯子里喝水。有趣的是，当事情没按他的方式进行时，他不再经常高声叫喊。我们也有了更多时间在其他方面指导他。

他妈妈说他也开始试着吃其他不那么脆的食物。每一小步都是一个胜利，一个希望的预兆。

结束语

学会接受我们被赐予的礼物

当一个孩子被诊断有一种残障时，作为父母，我们有时会情不不禁地问：“为什么是我的孩子？”相反地，我希望父母们会有勇气问：“为什么不是我的孩子？我的孩子也能够以他的能力取得成功。”

我鼓励父母接受他们孩子的现状，而不是他们想让他变成的样子。接受所受的挑战，并能超越残障所带来的阻碍。每个孩子都是一件珍贵的赐予，作为父母，我们应该超越自己的内疚感，在每个孩子身上发掘得更深，并找到他们的美丽和独特。从教这些孩子的过程中，我学会了接受所有的孩子。我也认识到，一个人在生活中的等级或社会阶层并不能保护或杜绝这个人不会有失望和无法实现的梦想。毫无疑问，有一个有自闭症的孩子对很多家庭来说是一种巨大的挑战，也可能是一种一下掉进了无法预知的世界的感觉。

我有一次听一个演讲人形容她有一个有特殊需要的孩子的体验：和你最好的朋友计划了一个去你一直梦想去的国家度假。在作了所有的计划后，你到了你的目地的，发现的却是你到错了国家，不理解他们的语言，没穿合时的衣服，也没带对货币。

和我一起去听讲的同事轻声对我说，而且他们不接受信用卡。

如今，父母们不必再感到他们和自闭症孩子相处时会不知所措，因为越来越多随时能找到的信息能帮助他们成功地应付这种情况。美国自闭症协会指出，虽然他们没有“一种已知的原因或治愈措施能让他们强调研究和父母参与照顾他们孩子的重要性。本机构指出自闭症是能治疗的。孩子们不会长大就没有了自闭症，但是研究显示早期的诊断和干预会极大地改善治疗结果。有了正确的帮助和支持，有自闭症的人们能够过上充实、健康和有意义的生活。

我希望有一天我们找到治愈自闭症的方法，但是在此之前，我希望这个世界能学会包容、耐心和被这些孩子所激励。因为对这些孩子来说，每一块胜利的鹅卵石都是一座成功的山峰。希望的确是救星。

几个给父母的有用诀窍

我的孩子总是感到痒痒，试图将他的衬衫脱掉。

试着用润肤液滋润皮肤，并将所有衣服的标签剪掉，让他在衬衫里穿件全棉的底衣。

我的孩子不说话，他用手指东西，叫喊和发脾气来表达他的需求和愿望。

建议将他平时所需的物品，人和活动等拍成照片，当他开始要用手指东西时，给他提供图片这种选择，这样他可以学会选择他所要东西的图片。

我的孩子可以说话但他不会要求他所要的东西。他会用手指，抢夺或只是等待着别人将东西递给他。

每次要跟孩子说话，并试图暂时不把东西给他，直到他重复代表这物品的名称或短语或句子。给孩子读书，给他唱歌，还可以坐下来让他练习重复和回应你对他说的话。

我的孩子拒绝坐在马桶上。因此我没法开始训练他的如厕习惯。

试试小孩专用的马桶，开始每次只让他坐一分钟。当他坐在上面时，可以和他玩游戏。然后把时间渐渐增加到3分钟。在孩子面前放个定时器，铃声会告诉孩子这时段结束了。让孩子反复地练习，你开始可以让他每30分钟坐一次，然后再按需要慢慢调整时间。当孩子真的方便了，你应该小题大作，为这事表扬和奖励孩子。

我的孩子不和任何人玩。

和孩子一起用他最喜爱的玩具练习轮流。你开始先说，“这次轮到你了，”然后把玩具给孩子，让他玩30秒到一分钟。你向玩具伸出手说，“轮到我了。”开始他也许不愿给你，但你可以练习握住他的手，将玩具放在你的手里。当他真正愿意给你玩具时，要好好夸奖他一番。最后让他和其他孩子一起分享和轮流玩玩具。

我的孩子几乎不看我，有时我不觉得他听到了我讲的话。

你叫孩子的名字，然后要求他看着你。你有时还得触摸一下他的下巴，将他的脸转向你，通过这样做来帮助他培养目光接触他人的习惯。另外，在下命令时要做到循序渐进，等待孩子的进步。

当我们在公众场合时，我的孩子会变得不知所措而且行为很夸张，我觉得带他出门很丢人。

建议你尽量多带孩子出门，教他在特定的环境中控制自己的行为。调整外出的时间，如有可能的话，当你带孩子出门时，要求另一个人和你同去。当他们感到不知所措时，所有的孩子都会行为夸张过分，你那有自闭症的孩子也不例外。如果人们盯着你们看，或者他们的行为很不顾及你的感受的话，对那些愿意倾听的人，你可以把这当作一次和他们的交流机会。

自闭症协会对自闭症的定义

自闭症是一种复杂的生长发育过程中的障碍，它一般会出现在人出生后的前3年时间里，它会影响一个人和其他人交流及互动的能力。我们根据一些特定的行为来界定自闭症，它是一种“泛意义上的障碍”，在不同人身上会有不同的表现，对不同人有不同程度的影响。我们现在还不知道引起自闭症的任何一种原因，但是，增加大家对自闭症的了解，为自闭症研究多寻找资金，这些都会对如今这些受自闭症影响的家庭有帮助。

在2009年12月，美国疾病控制和预防中心发布了他们ADDM（自闭症和发育障碍的监控）的关于自闭症盛行的报告。报告得出的结论是自闭症已发展到每出生110个人中就有1人是自闭症的状况，几乎每70个男孩中就有1人。这个报告的发布在媒体引起了骚动。但是这消息对美国自闭症协会和美国现存的受自闭症影响的150万人来说，却不是一个意外。虽然如此，因为自闭症的增加，让大众的注意力集中到自闭症上，并带来让整个国家思考的机会——大家将怎样帮助这些面临要终身抚养他们孩子的家庭。

当前，自闭症协会预计每个自闭症孩子终身需要的赡养费大概在350万美元到500万美元间，美国每年要为自闭症耗费900亿美元。这个数字包括研究费、保险费和其他保险不报的费用，为自闭症患者豁免的公共医疗补助费用、教育费用、住房费用、交通费用和就业费用，这还不包括相关的康复服务以及护理的费用。

了解症状：早期鉴定可以改变很多人的生活

自闭症是可以治疗的，自闭症不会因为孩子们长大就不见了，但研究显示早期诊断和干预会大大地改进治疗效果。

这些是你们在周围孩子身上应该注意的症状：

开始讲话迟和不讲话

重复同样的语言和行为举止（比如，前后不断摆动手，旋转物体）

很少有或基本没有目光的接触

对发展同伴的关系没有兴趣

缺乏自发的或假想的游戏

对物体的个别部分有持续的痴迷

其他性格特点包括：

对危险没有畏惧感

过度或者不够敏感

可能喜欢自己呆着

可能会用手势来显示需求和愿望

可能随声附和一些词汇和短语

可能会有对物体不正常的依恋

可能会喜欢旋转自己或物体

长时间地重复玩同样的东西

可能会坚持要求同样的东西和固定不变的程序

可能会出现不合时的笑声

可能为说不清的理由发脾气

可能不喜欢被人拥抱

在不满时，可能会显示自我伤害的行为，如咬自己或猛击自己的头

可能总体上会显示和其他人没法互动

自闭症的起因

研究显示造成自闭症的原因多半是通过血亲关系遗传的，但是这又不是唯一的原因。很多证据显示被诊断为自闭症的三个人里就会有一个人在成年以前发作一次或两次癫痫。另外，自闭症往往有家族史，这也指出了基因遗传有可能是原因。

自闭症的类型

按照美国自闭症协会（ASA）的定义："自闭症是一种复杂的生长发育过程中的障碍，它一般会出现在人出生后的前3年时间里，它是神经系统发生障碍的结果，会影响头脑的正常功能和影响发育。"

在一些社交和与人交流的技能方面，有自闭症的孩子和成年人一般都显示出语言和非语言交流的困难，社交互动的困难以及休闲活动中的困难。

自闭症是5种全身性发育迟缓病症（PDD）之一，这类别的神经系统障碍的特征是"在身体发育的几个方面上有严重和普遍的障碍。"

全身性发育迟缓症　（PDD）

这也叫非典型自闭症。

有这种障碍的孩子有很多自闭症的特点，但不是所有标准都符合自闭症。

阿斯伯格症

有这种病症的孩子通常没有和自闭症有关的语言上的障碍，一般也非常聪明。但是，他们往往有社交上的困难，他们的注意力能够固定在某一个物体或某一个他们感兴趣的课题上，并不断地谈论这件事。

瑞兹综合症

瑞兹综合症和自闭症很类似，但只呈现在女孩子中。

这些孩子开始会有一个目标，然后会失去一些交流的能力。瑞兹综合症的症状会在一岁到四岁之间出现。

自闭症的发展

自闭症的症状往往在一个人长大后会慢慢减轻。在幼儿时期被诊断为自闭症的孩子，一旦到了青少年时期会显示出不同的问题，比如抑郁症和其他行为上的问题。另外有些孩子到了青少年和成年期，他们则可能不会显示很多问题。

自闭症的治疗

目前我们没有治愈自闭症的方法。我们治疗这种障碍的方法是帮助提高一个人的交流能力，对付各种症状以及处理重复行为的能力。

有些药物曾被用来减轻一些和自闭症相关的症状。人们也将另外一些专业学科联合起来用于控制自闭症。心理治疗和药物是最普通的治疗自闭症的办法。很多孩子因此而学会了和人交流，更好地管理和控制自闭症的症状。有自闭症的孩子能够学习行使职责和与人交流。

每个有自闭症的人都是很特殊的，就像所有人一样，他有独特的个性和各种特性的综合。

有些患病轻的个人可能只显示在语言上的很轻微的迟缓发展，或只是感到社交互动上比较具有挑战性。

有自闭症的人还会用独特的方式来处理和回应信息， 比如哭，显示好斗性和发脾气。很多有自闭症的人会有感官上的问题，比如对质地，光和声音的敏感。有些孩子还是能学会看对方的眼睛，和显示他们的喜爱之情。

参考资料

这些是供有自闭症孩子的父母参考的有用的网站，互助团体和信息资源

美国自闭症协会 http://www.autism-society.org/

在这个网站上，大家可以找到有关自闭症研究和活动的信息，得到一些秘诀，患者可以学习怎样带着自闭症生活，网站还有一些自闭症的新闻，信息资源，甚至有一些老少皆宜的短片。

自闭症之声 http://www.autismspeaks.org/

这个组织推广自闭症的公众教育以及促进治愈自闭症的研究。网站上包括自闭症早期的症状以及其他信息，有关自闭症的新闻，赞助活动信息，通过社交网和推广活动给自闭症家庭提供帮助。

自闭症论坛 http://www.talkautism.org/

这个组织拥有自闭症专业人士的数据库，是一个给那些寻找帮助的人的平台，还提供了这组织的网上报告的信息，这些报告在不同问题上给予父母和护理者帮助。

自闭症研究的组织 http://www.researchautism.org/

这个组织是由家有自闭症孩子的父母和祖父母发起的，主要是通过应用科学来教育父母、教师以及护理者有关自闭症的知识。

解密自闭症 http://www.unlockingautism.org/

这个组织为自闭症患者服务，他们给公众提供信息，给父母提供有关立法、生物医学研究等信息来源。他们还是让父母了解和自闭症有关的最新动态的极好来源。

全国自闭症协会 http://nationalautismassociation.org

这个组织的宗旨是教育自闭症家庭，让这些家庭更加充满力量，和筹募研究自闭症的资金。这网站还能让大家了解自闭症的研究课题和寻找帮助自闭症家庭的方法等。

自闭症研究所　http://www.autism.com

这个机构是“现在就战胜自闭症”治疗方法的发起单位，这种治疗方法坚信自闭症可以通过生物医学的介入来改变以精神类药物作为主要治疗方式的现状。这个网站也提供了很多很多有关自闭症的信息。

美国残障人士组织　http://www.thearc.org

这个全国性的组织支持很多家庭以及成年残疾人（身体上及智力上的），通过当地分会来提供各项服务，包括提倡家长参加孩子学校的ARD会议（注：评估残疾学生在学校表现的会议），个案管理服务以及短期护理。

国际自闭症联络网　http://www.autreat.com

这个组织是由患自闭症的成年人运行管理的，他们的宗旨是自我帮助以及为自闭症患者维权。

自闭症支持联网　http://www.autismsupportnetwork.com

在这个网站上有兴趣的人可以找到一个小组，和其他组员联系，阅读其他人所分享的有关自闭症和阿斯伯格症的体验。

“我们是自闭症”网站　http://www.weareautism.org

这个社交网是给那些泛自闭症障碍症的患者用于社交联系和分享的。

了解症状，尽早行动

http://www.cdc.gov/ncbddd/actearly/index.html

这个网站有很多关于儿童生长发育的信息，网站的目的是为了帮助父母、教育工作者和护理人员鉴别孩子从出生到5岁之间生长发育中的障碍。

你的孩子：自闭症，泛自闭症障碍（ASD）和全面发育障碍（PDD）

http://www.med.umich.edu/yourchild/topics/autism.htm

这个网址是密西根大学健康系统网站的一部分，它提供了有关不同类型泛自闭症障碍的基本信息。

美国疾病控制和防御中心的自闭症信息中心

http://www.cdc.gov/ncbddd/autism/index.html

在这个网站上，可以找到早期的自闭症警告症状，学习普查和诊断，学习治疗的选择，和阅读关于自闭症和预防针之间令人怀疑的联系。

美国儿童健康和生长发育研究所的自闭症研究

http://www.cdc.gov/ncbddd/autism/index.html

在这个网站上，可以了解美国儿童健康和生长发育研究中的自闭症研究所的自闭症研究动态。

自闭症和信息交流 http://www.nidcd.nih.gov

这个网站上可以学习美国全国耳聋和其他交流障碍研究所的有关自闭症和信息交流的研究。

美国国家健康研究中心的医疗在线：自闭症

http://www.nlm.nih.gov/medlineplus/autism.html

这个网站提供了很多网上文章和研究报告的链接，这些文章和报告包含了从自闭症基本信息到诊断和治疗自闭症，到应对自闭症，到临床试验等广泛的信息。

美国自闭症治疗中心 http://www.autismtreatmentcenter.org

这个组织是"Son-Rise Program"治疗方法的发起者，这种方法通过接受和分析泛自闭症障碍孩子的自闭症行为所交流的信息，从中发现和利用激发他们行为的动机，并用此来制定治疗方案。（注：Son-Rise Program的治疗方法和教育模式是父母主导的，在建立亲子关系基础上的寓教于乐的治疗方式。）

玛雅·钟在牙买加的自闭症和残障基金会

http://www.facebook.com/pages/The-Maia-Chung-Autism-and-Disabilities-Foundation/100339660027871

这个牙买加的组织在这个网页上讨论自闭症患者以及其他残障人士的教育问题，健康需求，健康保险，就业能力，技能培训以及性生活和生殖健康等多方面问题。

感谢语

我很感激我的同事、辅助我的专业人员、语言矫正师、职业理疗师、康复理疗师和所有辅助员工，他们不知疲倦地支持我所教的孩子们。我也要感谢那兹女士、杰米拉·丁斯女士和费娥明娜·卡巴太太，她们在我写这本书的过程中不断为我加油。

有句话叫“养育一个孩子需要整个村子的协力”，所以我的这项工作能有成果，也需要你们所有人的共同协助。我感谢阿曼达·罗维尔同意让我使用她儿子切德·阿米尔的照片当这本书的封面，我感谢塞顿豪大学的特瑞丝塔·罗杰斯博士给我写了前言。克瑞斯波博士，谢谢你总是对我说：“莱娜，你应该把这体验写在一本书里。”

感谢我已过世的父母，豪瑞斯和依索·麦克考拉，他们的精神和我同在。因为他们的价值观和教导，我才成为今天的我，一个坚定的、坚强的和勤奋工作的人，我总是相信自己能做到。

我还要感谢我的丈夫雅亚、我的儿子尼尔森和我所有的侄子及侄女们，为了他们，我证明了不轻言放弃和不失去希望的可能性。最后，我要感谢那些无条件支持过我的所有亲朋好友。

关于作者

莱娜·麦克考拉·杰是新泽西州艾文顿学区的一名教师，她在那里教患自闭症的孩子，她获得了2011-2012学年的年度教师奖。

作为一名特殊教育的教师，她所受的训练足以让她教有多种残障的孩子，但是，她既擅长也喜欢教患有自闭症的孩子。

“我最大的快乐就是我学生们的成功，是父母对我说：‘我的孩子在这5年里第一次叫了我的名字。’时眼里的泪水。当孩子们用那沾满颜料的小胳膊给我一个拥抱时，我的心充满了喜悦。”

莱娜老师是新泽西城市大学的毕业生，在那里，她获得了心理学学士学位和特殊教育的硕士学位。在那以前，她毕业于牙买加的山姆·夏普教师学院，然后她移民到了美国。在她接受她现在的艾文顿学区的教职之前，她任职于纽瓦克的切德小学和卡迈尔山残障儿童工会学校。

麦克考拉·杰是美国自闭症协会的成员，她和她的家庭现居于新泽西州。

www.ingramcontent.com/pod-product-compliance
Lightning Source LLC
LaVergne TN
LVHW100201061126
851857LV00010B/351
* 9 7 8 0 9 8 2 9 6 3 0 7 4 *